히트 K-POP · 뉴에이지 · 팝송 모음

K·POP
뉴에이지
팝송 ❶

일신서적출판사

차 례

인기 K-pop

인기 뉴에이지

최신 & 인기 팝송

APT.

로제(ROSE) 외 10명 작사
로제(ROSE) 외 10명 작곡
로제(ROSE), Bruno Mars 노래

night go cra - zy   All you got-ta do is just   meet me at the
아 파 트 아 파 트   아 파 트 아 파 트   아 파 트 아 파 트
uh   uh huh uh huh   uh   uh huh uh huh
It's what-
ev - er it's what ev - er it's what ev - er you like - -
Turn this 아 파 트 in - to a club   I'm talk-ing
uh huh uh huh
drink dance smoke freak   par - ty all night - -
건 배 건 배 girl what's up oh oh - oh   Don't you want- me like I
want you ba - by Don't you need- me like I need you now

A♭   B♭   Cm
Sleep to mor - row but to-night go cra - zy   All you gotta do is just
E♭   A♭   B♭   Cm
meet me at the 아 파트아파트 아 파트아파트 아 파트아파트
E♭   Gm
uh   uh huh uh huh Hey   so now you know-the game   Are you
Gm
ready   Cause I'm comin to get ya   get ya get ya
Cm   B♭   E♭   C
Hold on   hold- on - I'm on my -way -   -
Cm   B♭   E♭   C
Yeah yeah yeah yeah yeah -   I'm on my -way -   -
Cm   B♭   E♭   C
Hold on   hold- on - I'm on my way -   -
Cm   B♭   F
Yeah yeah yeah yeah yeah -   I'm on my   way - - - - - -

F
A♭
B♭
- - - - Don't you want - me like I want you ba - by
Cm
E♭
A♭
Don't you need - me like I need you now
Sleep to mor - row but to-
B♭
Cm
E♭
night go cra - zy All you gotta do is just meet me at the
A♭
B♭
1. Cm
아 파트 아파트 아 파트 아파트 아 파트 아파트
Just
E♭
2. Cm
E♭
uh uh huh uh huh 아 파트 아파트 uh uh huh uh huh
meet me at the Just meet me at the
A♭
B♭
1. Cm
아 파트 아파트 아 파트 아파트 아 파트 아파트
Just
E♭
2. Cm
E♭
uh uh huh uh huh 아 파트아파트 uh uh huh uh huh
meet me at the

돌멩이

홍진영 작사
홍진영 작곡
마시따밴드 노래

하 늘을날 고싶- 어 굴 러 - 난 굴 러간 - 다- - - - 내
몸 이 부 서져- 한 줌의흙 이돼-도 굴 러 - 난 굴 러간
- 다 - 내 사 랑 찾아 서- 내 꿈 을 찾아 서- -
머뭇거릴 새-없이 모두지나버-렸 어- 시간-이라는-놈은 -
피도눈물도 -없 어- 구르고 또굴 -러서- 멍 투 성이가-돼 도-
세 상 끝 에홀-로서- 당당히-선 다 나는 꿈을 찾아 서- -
움츠렸 던 가 슴을- 활 짝 펴- 이 젠 나 의길- 을 가 는

A7sus4
거 야 - 멈 추 - 지마 멈 추 - 지마 멈 추 - 지마
F#m7   G
꿈 꾸는돌 멩이 - - - 달 려 라돌 - 멩이 - 날
A7sus4   D   F#m7
아 라 돌 멩이 - - 굴 러 - 난 굴 러간 - 다 - - - 내
Bm7   G   A7sus4   D
몸 이 부 서져 - - 한 줌 의 흙 이돼 - 도 굴 러 - 난 굴 러간
F#m7   Bm7   G   A7sus4
- 다 - - - 내 사 랑 찾아서 - 내 꿈 을 찾아서 -
D   F#m7   Bm7
- - - - woah uh - uh -
G   A7sus4   D   F#m7
라 라 라 라라 - 라 라 라라 - 라 라 라라 - 랄랄
Bm7   G   A7sus4   D
랄 라라 - 라 라 라 - 힘 내라 돌 멩 이
rit.

눈물참기

이동혁 외 7명 작사
이동혁 외 3명 작곡
QWER 노래

요 괜찮다 -는- 말은 다거-짓-말 - 비-
가 내리는 여기 남겨 져 혼자울고 싶지않아
요- 알려 주세요- 눈물을참 -는방-법 -
하 나둘- 한숨 --위로- 차오 른슬-픔이 - 이제는-
밖 으로- 다쏟 -아-져- 넘칠 것같-아요 -
말 해해-줘 -다잘될거라고 도 와-쥐 - 겁많은나라
서 날믿을수 없을땐 어떡해-야하-나요-
- 누 구라도- 말-해 줘요- 넘어-

지 는게 아직 - 너무 - 어 려 운 - 가 - 봐 눈-
- 내 리 - 던 비-가 - 그 치 - 고 나-면- - 내 일 이
꼭 올 테 니 까 - - - - - - 눈-
물 멈추는 법 을 몰 라 - 도 이런내가 자 꾸 미 워-
도 잠 시 멈 -춰- 눈 물 을 삼 -키 고 - - - 일-
기 장속에 적 어 놓 았- 던 "잘지내나 요?"란 말 위 에- 적 어
봐 -요- 이 젠잘 지 - 낼 게-요 - -
잘 지 - 낼 게-요 - -

청춘만화

이무진 작사
Factist 외 3명 작곡
이무진 노래

/F#   F#m7   B7   Em   /D   C
-가득   하늘을날 - 을수있 - 을듯한 밤이다-   잔요동 - 이 -   헤엄쳐
G/B   Em   Am7   C   A7/C#   1.D7sus4
오는곳이 -   어딘 지 몰라   안가는 건아 - 니야 -   따사로운온 기 가
G   D/F#   F#m7(♭5)   B7   Em   G/D
-닿을   구름을향 - 하는-   비행이망 - 설여지 - 기도하 겠지만-   한번뿐
C   G/B   B7   /D#   Em   Am7   C
-인   이모험을   겁 내진 -않아 -   오늘보 다 오래된 날은없 으니 -어서
D7sus4   G/B   C   6   D7sus4
-   날 아 오 르- 자 -   우린멋진
G   D/F#   B7
나이지만   아직어린   아 이라   빠르게밀 려 오는여정이 두렵게만느껴질 때
Em   G/D   C   G/B   Gm/B♭
가 있다   오늘은지   나 쳐가는 유람일까   혹은 기 나긴꿈 이야긴가   답을
Am7   Dsus4   2.D7sus4
찾는건어렵 기만하지만   따라 야지그게청 춘이라니까   -   언젠가마지막

안녕이 - 란 - 인 - - 사 - 뒤에 나올음 악 - 시간
은흘러서 -이건 명 장 면이될-거야 - - - 조금 은쓸쓸 하겠지만- 서 -
-도- Ya 지나면아련한 - 만화 그래서찬
-란한 우리가 기다린 - 미래도우 릴기다 -릴까 분명한 -건 지금보
다환하게 - 빛 날 거야 아직서 막일-뿐야 - 푸르른 공 기 가
-날 사무쳐안 -아 하늘을날 - 을수있 - 을듯한 밤이다- 잔요동
-이 헤엄쳐오는 곳으로-가자 - 이세 상 에서제일높은곳 을향 -해서
- 뛰 어 오 르- 자 -

드림하이

박진영 작사
박진영 작곡
택연, 우영, 수지, 김수현, Joo 노래

E   A   F#m
자꾸내가 - 할수있나 -   내꿈이이뤄 - 질 까 -
다시한번 - 나를믿고 -   나의운명을 - 믿 고 -

B   G#m   C#m7
내딛는걸음 -   한걸음걸음 - 이 다 - 시 두
모든걸걸고 -   내키보다높 - 은 벽 - 을 뛰

F#m7   B   %E
려 - 워질 - 때마다 - - -   I dream - high - 난 꿈
어 - 넘을 - 거예요 - - - - -   high!

A   F#m   B
- 을꾸죠 힘들때 - 면 - 난눈 - 을감고 꿈이이

G#m7   C#m7   F#m7
- 뤄지 - 는그순 - 간을 계속떠올 - 리며   일어

B   E   A   /G#
- 나죠 I can fly - high 나는 - 믿어요 언젠간

F#m   B   G#m7
- 난 - 저하 - 늘위로 날개를 - 펴고 - 누구보

C#m7   F#m7   B
- 다도 자유롭게 - 높이   날아 - 오를   거예요

E
A
/G#
dream high a chance to fly high   아픔들은이젠모두다 bye bye
F#m7
B7
하늘에 있는저 별 들   처럼 높 이 날아봐니꿈 들   을
G#m
C#m7
펼 쳐 보는거야time for you to shine 이제부터시작이야gotta make em mine
F#m
B
니손으로이뤄가 미랠두려워하지마   이젠힘 껏 자신있게걸어가
E
A
Des - ti-ny 숙 명 이지 멈 출 수 없는운 명 이지 - 금
F#m
B7
우리눈앞에 펼 쳐 지지 이건 너를위한whole new fantasy   그러
G#m
C#m7
니 이제부터여기내 손을잡아   우리의목 표는지금부터하나
F#m
B
꿈 과 미래 포기하지않아 젊 음 열 정 여기모두 다 dream-high
I dream
D.S. al Coda
8
F.O.

마루는 강쥐

Jay Lee, 김채윤 작사
Jay Lee 작곡
혜원(NMIXX) 노래

위풍 당당 한강 쥐 총총총 우리 집제 일가 는 꼬 꼬 마-
사랑 을주 세 요 - 작지 만강 력 한 마 루 는-
어마 어마 한강 쥐 총 총 총
링 가링 가링 가 링 가링 가링 가 링 가링 가링 가
언니 가좋 아 링 가링 가링 가 링 가링 가링 가
링 가링 가링 가 마루 도좋 아
링 가링 가링 가링 가 모두 가좋 아
마루쿵쿵마루쫑긋 마루덥석 총총총총총 짧은다리파다닥

마루폴짝마루까딱 마루꼴깍
총총총총총
언니를따라가요
마루깜짝마루움찔 마루머 쓱
총총총총 총
삐진모습새초롬
마루살짝마루깜빡 마루짝 짝
총총총총 총
언니랑함께가 요
총총총총총총
마루도함께가 요 모두 다 모두 다 모두 다함
께 - 후!

Drowning

WOODZ 작사
WOODZ, 네이슨(NATHAN), HOHO 작곡
WOODZ 노래

미 - 치 도 - 록 사 - 랑 했 - 던 지겹 도록 다 - 투 었
- 던 네 - 가 먼 - 저 떠나 고 -
여 - 긴온종 - 일 비 - 가 왔 - 어 금새턱 끝까지차 - 올 랐
- 고 숨 - 이 막 - 혀 와 - Oh - - -
내 - 맘 - 이란추는 나를더깊 - 게더깊 - 게 붙잡 - 아 Oh - I'm
drown - ing - it's rain - ing - all - day
- - - - - - - - - - - - - I can't - - breathe - - -

- - yeah - - - Oh oh I'm drown- ing Oh - I'm -drown
- ing Oh I'm -drown- ing Oh - I'm -drown- ing You're
tak- ing my - life -from - - - me - 다알
면서눈 감은넌왜 - 다정한 말로나를죽여놓고 - 날누
- 이고너 - 는떠나 갔 지 - You cut me bad, I'm still
wai-ting for-you 너떠나고이곳은 잠 겨눈물 로 날너무사랑했던
- 넌 - 어 -디로흘 -어 졌 -는 지- (Oh- - -)
내 - 맘 - 이란추는 나를더깊 - 게더깊 -게- 붙잡 -아 Oh I'm

2.D♭m   D♭m   7   A♭
- me - 더 깊이빠져 - - 죽어도되니

A♭   C   Fm
-까 다시한번만 - -돌아와줄래 - 더깊이빠져 - -죽어도되니

E♭   D♭   A♭
-까 다시한번만 - -돌아와줄래 - - Oh I'm drow -ning

A♭   C
- - It's rain- ing - all - day - - -yeah- - -yeah

Fm   E♭   D♭
- - yeah- - I can't - - yeah- - breath- - -

D♭m   A♭
- - - - - Oh oh I'm drow- ing Oh - I'm drow

Cm   Fm
-ning Oh I'm drow -ning Oh - I'm drow -ning- You're

E♭   D♭   D♭m
ta - king my - life from - - - - me -

내게 사랑이 뭐냐고 물어본다면

로이킴 작사
로이킴 작곡
로이킴 노래

-며 솔직해지고 이해 할 수있 -는 것- 그게 사 -랑 일 -거-
야 내가아는 사 랑- -인 -거야 - 워- - - - - -
바 다 가지- 겨워- 지고- 숲이 푸 르르- 지않- 다고- 그아
름다움-을잊는다면 사랑이 아닐거- -예요 내게사랑이 할수있- 는것- 워 -
내가보고느끼- 고듣-는-모 - 든것엔 - 그대가물들 - 어있-어-서- 없이는나살
- 수없-서-서- 너가노 래 가 된다면- 나만알고싶고
- 그어떤가-사보 -다 아껴부르며 간직 하 고싶-은-것- - 그게
사 -랑 일 -거 - 야 내가하는 사 랑- -인 -거 야
- 그래그게바로 사- -랑 일 거야 -

그라데이션

권정열 작사
권정열, 고영배 작곡
10CM 노래

말을 걸- 어봐야 지
요즘
노랜뭔가맘에안들 -어 네게 불러주기엔- 좀어려워 -서 나름
지 바람을맞고 - 빗물에젖어 - 나의색감도
- 흐려지겠지 만 - - - 너는 항상빛에반짝일테-
- 니 까 멋진말들을 - 전하지못하고 - 아 무도관심없
- 는그림이 되겠지만 - 달콤 한색감은 - 감추지못해
터 -지 -고 있 -어 내일은 - 말을걸- 어봐야 지
그냥 이노래가어떨까싶 - 어

부동의 첫사랑

권정열 작사
권정열 작곡
10CM 노래

단한 번-의 명 장면 이 빠르게 지 나 가고있었 -지 -
웃기 라-도 해 준다 면 이상한 애 가 돼도좋은 -데 -
소리쳐이름을 -불 러-볼 까   한시간쯤은기 -억 해-줄 까
소리쳐이름을 -불 러-볼 까   삼십분쯤은기 -억 해-줄 까
뒤를돌아봐주 -었지만 - 너의 미 소는 -   내 게와주지않았지
다음편이기대 -되 지-않 는   예상가능한엔 -딩 만-남 은
- 로맨스 도 -뭣 도-아 닌 -   나의부 -동의첫 - 사랑

좋아하는 - 굳이응 원
- 해 준 - 사람도 - 없었지 만 -
너를향한노래 - 가 생 - 겼 어
이젠웃으며부 - 를 수 - 있 어 그저흐릿한조 - 명처럼 - 너의
미 소를 - 빛 내줄수만있다면 예고편이공개 - 되 지 - 않 고
뻔한엔딩도맺 - 지못했 - 지 만 - 나의마 음 - 속 언 - 제 나
- - 항상빛 - 나고있 - 는 부 - 동의첫 - 사랑
rit.
-

그대만 있다면

강현민 작사
강현민 작곡
너드커넥션 노래

안 - 돼요- 세 상의 모 든걸 잃어-도괜찮아 -요 그
대 만있 다면- 그 대 만있 다면 - -
함 께웃 - 던시간 들을 함 께했- 던 약속 들을 지금또- 영원히-
기 억 하겠 어 -요 다시한- 번 생 각 해요 무 엇이- 날 위 한 건 지
그대는 - 알 고있-어요 - 대 만있 다면-
- 온 통
그대의생각 뿐인 -나를 - 위해 서 -였 다면-

초라하게쓰 러지-는날 - 날 위 한 다 면 -
이대로 - 내곁에 있 어 야 해요- 나-를 떠 나- 면
안 돼-요- 세 상의 모 든걸 - 잃어-도괜찮아 -요 그
대 만있 다면- - 그대 만있 다면- 영원히 - 내곁을 지켜
주 세요- 나-를떠 나-지 말 아-요- 세
상의 모 든걸 - 잃어-도난좋아 -요 그
대 만있 다면- 그 대 만있 다면-

문어의 꿈

안예은 작사
안예은 작곡
안예은 노래

C   G
장 미 꽃밭 숨 - 어들면나는   빨 간 색 문어
커 피 한잔 마 - 셔주면나는   진 갈 색 문어

C   G   E
횡 단 보도 건 - 너가면나는 줄 무 늬문 어 - -   밤하늘
주 근 깨의 꼬 - 마 와놀면나는점 박 이문 어 - -

C   D
- 을   날아가 - 면   나는   오 색 찬란한문 - 어 가되는거

G   B7
야   아아아아 - 아   야   아아아아 - 아   깊은바

C   Cm
- 닷 속은너무외로 - 워   춥고어 - 둡고차 - 갑고때

Cm   1.G
로 는 무섭기도해   애 애 애 애 - 애

B7   C
야   아아아아 - 아   그 래 서 - 나는매 - 일꿈을

C   Cm   16
- 꿔   이곳은 -   참 우 울해

2.G   B7
해   애애애애 - 애   야   아아아아 - 아   그래서

C   Cm   D
- 나는매 - 일꿈을 - 꿔   이곳은 -   -

G   B7
야   아아아아 - 아   야   아아아아 - 아   깊은바

C   Cm
- 닷속은너무외로 - 워   춥고어 - 둡고차 - 갑고때 로 는 무섭기도

G   B7
해   애애애애 - 애   야   아아아아 - 아   그래서

C   Cm
- 나는매 - 일꿈을 - 꿔   이곳은 -   참 우 울해

Beautiful

지 훈 작사
이승주, 황찬희 작곡
Crush 노래

ha   ha   -   it's a beauti - ful life

난 너 의 곁 에 있 을 게   -
언 제 나 널 지 켜 줄 게   -

it's a beauti - ful life - -   너 의뒤에서있을게
it's a beauti - ful life - -   내 게기댈수가있게

- - huh- - - beauti - ful love -   - - - -
- - huh- - - beauti - ful love -   - - - -

- 하늘아 - 래   너와있 - 다 - 면 -   숨 쉬 는것 -   만
- 너의눈 - 물   너의미 - 소 - 도 -   곁 에 서함 -   께

으 로도 - 좋 아   it's a beauti - ful life
할 수있 - 도 록   it's a beauti - ful life

- beauti - ful - day -   너의기억 - 에서내 - 가살 텐
- beauti - ful - day -   미 치도록 - 널사랑 - 했 었 던

- 데 beauti-ful life - beauti-ful day - - - - 내 곁
- 날 beauti-ful life - beauti-ful day - - - - 너를
에 서 머 물 - 러 줘 - beauti-ful my -love- - -
잃 고 싶 지 - 않 아 - beauti-ful my -love- - -
- beauti-ful your -heart- - - - it's a beauti-ful life
- beauti-ful your
- - - it's a beau-ti-ful life
- - - - - it's a beau-ti-ful life
-heart- - - - it's a beau-ti-ful life - 세 상 에
- - 너와닮은 - 추 - 억이 - - 또덩그러 - 니 내게남

D/F♯   Gm7   B♭/F   C/E
- 겨 져 - 있 - - - 어   whoa - - -   너 와 의

Cm   B♭/D   E♭
기 억 -   너 와 의   추 억 - - - -

E♭   B♭M7   F/A
It's a so-rrow-ful life -   sorrow-ful-day -   슬픔을 이

Gm   B♭/F   E♭   B♭M7
- 기지못 - 하는내 - 게   so-rrow-ful life -   sorrowful day

D   Gm   B♭/F   C/E
- - - - -   내곁 에서떠나 -   지 마   추 억 속

Cm7   B♭/D   E♭
에내 - 가   살지않 도록 - -   ooh - - -

E♭   B♭
ooh -   it's a beauti - ful life -

나는 반딧불

정중식 작사
정중식 작곡
황가람 노래

몰랐-어요 난 내가 개 똥벌레라는것을- 그래도 괜 찮아- 난빛 날 -테니까
나는내가 빛 나는 별 인 줄 알았 어요 한번
도 의심한 적없- 었 죠 몰랐-어요 난 내가
벌 레 라는 것을 그래도 괜 찮아- 난눈 부 시니까 - 한참
동 안 찾 았 던 내 손 톱 하늘로 올 라가- 초
승 달 돼버 렸지 주워 담을 수도 없게 - 너무 멀 리 갔 죠 누가
저기 걸-어놨 어 누가 저기 걸-어놨 어 우주에 서 무주로

날 아온 밤하늘 의 별 들이- 반딧 불 이 돼버 렸지 내가널
만 난 것 처럼- 마치약 속 한 것 처럼- 나는 다 시 태어났지 나는
다 시 태어 났지 나는내가 빛 나는 별
인 줄 알았 어요 한번 도 의심한 적없- 었 죠
몰랐-어요 난 내가 벌 레 라는 것을 그래도 괜 찮아- 난눈 부 시니까
- 하늘에서 떨 어진 별 인 줄 알았 어요 소원
을 들어주 는 -작은 별 몰랐-어요 난 내가 개
똥 벌레 라는것을- 그래도 괜 찮아- 난빛날 테니까 -

너의 모든 순간

심현보 작사
성시경 작곡
성시경 노래

기 대주-어-서- 나는있 잖아- 정말 빈 틈없-이 행복 -해
너 를따-라 서- 시 간 은 흐 르고-멈 춰- 물 끄 러 미 너를- 들여다
보 곤해- 그 것 말고- 는아- 무것- 도- 할 수없-어-서- 너
의모든-순 간- 그게 나였으-면 좋겠 -다 생 각만-해 도- 가 슴 이
차올라 나는- 온통-너 로 -
보 고있-으 -면 왠지
꿈처럼아득한것- 몇 광년-동안- 날향해 날아온-별빛-
또 지금-의 너- 거 기 있 어 줘서- 그게 너 라서- 가

E/G♯ Em/G B/F♯ F♯m7 B7 EM7 F♯7/E
끔 나에- 게조- 용하-게 - 안 겨주-어-서- 나는 있 잖아- 정말

B/D♯ A♯7/D C♯m7 F♯7sus4 E/G♯ F♯/A♯
남김없-이 고마 -워 너를따-라서- 시간은 흐르고-멈 춰- 물 끄러

Bsus4 /A♯ G♯m7 F♯/A♯ E/G♯ Em/G
미 너를- 들 여 다 보 곤해 - 너 를 보는- 게나- 에게- 는

B/F♯ F♯m7 B 9sus4 EM7 F♯7/E B/D♯ A♯7/D
사 랑이-니-까- 너 의 모든-순간 - 그게 나였으-면 좋겠 -다

C♯m7 F♯7sus4 G♯m7
생 각만-해 도- 가 슴 이 차올라 나는- 온통-너로 -

C♯7sus4 C♯ C♯m7 F♯7sus4 F♯7(♭9)
니모든 순 간 나였 으면

EM7 B/D♯ EM9 B/D♯ CM7 FM7

A♯M7 D♯M7 DM7

모든 날, 모든 순간

어깨깡패1 작사 · 작곡
폴 킴 노래

햇살처럼빛 나고- 있었 -지 -   나를보는니 눈 빛 은
-      꿈이라고해 도좋- 을만 -큼 -   그모든
-      순간은 - 눈부셨다 -   - oh- - - - - -yeah
알수없는미 래지 - 만   니품속에있 는지 -금 순
- 간순 -간이 -   영 원했으 -면해 -   woah- - - 갈 게 -
바람이좋은날에 -   햇 살 눈부신어떤날에 -   너에게로
- - - - - -   처음내게왔 던그- 날처 -럼 -   모든날
- 모든순간 -   함께 해 -

밤양갱

장기하 작사
장기하 작곡
비 비 노래

갱
내가먹고 싶었던건달디단 밤 양
갱 밤 양 갱 - 이야 떠 나 는 길 에 니 가
내 게 말 했 지 너 는 바 라 는 게 너 무 나많 아
아 냐 내 가 늘 바 란 건 하 나 야 한 개 뿐 이 야 달디
단 밤 양 갱

소나기

선재 업고 튀어 OST Part 1

SOOYOON, 한성호 작사
박수석, MOON KIM, 한성호 작곡
이클립스 노래

Dm   G   F   C   A7
- - - - - - 떨 어 지는- 빗 물이- 어 느새날- 깨-우 -고
Dm   G   C   F
그대- 생각- 에잠- -겨요- - 이제는내게 로와요- 언제 나처- 럼기
C   G   A   Dm   C   F   Am   G
- 다리 고있- -죠 그 대손을-꼭 잡-아 줄-게 요 - - - - 그대 는-
2. F   G   F   G   Em   G   Am
내 겐소-중 한- 사 람 - - - - 잊고 싶던- 아 픈 기억-들도 - 빗방
Dm   G   C   Am   Fm
울과함-께 흘-려 보-내 면 -돼 요- - - 때로는 지 쳐-도 - 하늘이
Em   G   Am   Dm   F   G
흐 려 도 - 내가 있 다 는 걸 잊 지 말아요 - - - 그대 는-
C   F   C   Dm   G
사 랑입- 니다- 하나 뿐 인 -사 랑- 다시 는 그대와- 같은- 사랑-없
F   C   Em   A7   Dm   C   Fm
을 -테 니- 잊지 않 아요 내게- 주었-던 작은기억하나 -도-
3
C   E7   Am   G   F   G   F
2/4   C
오늘도새- 겨봅니다 - 내 겐선-물 인 - 그 댈- -

오랜 날 오랜 밤

이찬혁 작사
이찬혁 작곡
악 뮤 노래

별하

- 나있고 - 너하 - 나있는 - 그곳 - 이내 오 랜밤 - 이었어

사랑해란말 이 머뭇거리어 도 거짓은없었 어

넌화 - 나있고 - 참조 - 용했던 - 그곳 - 이내 오 랜밤

- 이었어 어둠속에서 도 잠이루지못 해 흐느껴오는

너 의목 소리 그 대 곁 이면 - 그 저

Fm   Fm6   Em7   Am7
곁 에 - 서   만 있 어 도   행 복-했단   -걸   그
Dm7   B♭   G
사 실까 - 지   -   나 쁘-게 추 - 억말 - 아 - 요 -   오 랜
C   CM7   C7   F
날   오 랜 밤-동안   정말 사 랑했-어 요 -   어
Fm   Em7   Am   Dm7   B♭
쩔 수없 - 었다는 - 건말도 안될거 - 라   생각하겠 - 지만 믿 게
C   CM9   C7   F
날   기 억 하   지 는 말 아줄-래 요 -   아
Fm   Em7   Am7   Dm7
직 도잘 - 모르겠 - 어당신 - 의흔적 - 이   지울수없
1. B♭   G7   C   Fm   B♭7
- 이   소 -중 -해 -

잘자 -요안녕 - 그말 -끝으로 - 흐른
-시간은오 랜날 - 같았어 - 우린서로에 게 깊어져있었
고 난그게두려 워 넌가 -만있고 - 나도
그러했던 - 순간 -은우리오 랜날 - 함께한 - 시간을아무
런 의미도없듯 이 추억만하게 하 겠 -죠 - 그 대
곁 이면 - 그 저 곁 에 -서 만 있 어
그 대 곁 이 면
도 보고-싶고 또행복-했어 그 건-진심 - -이-었-

Gsus4
2.B♭
G7
F
소 오랜 -이- 소 -중 -해 - 하늘이 참뿌 -옇 고
Fm
Fm6/A♭
C
CM7
- 맘을다 잡아 - 야 하 - 죠 이 젠 마
C7
F
Fm
C
지 막목 - 소 - 리 - 마 지 막 - 안녕
Em/G
Am7
Gm7
C
F
Em7
Am7
Dm7
B♭
C
Caug
C7
F
믿게 날 기 억 하 지 는 말 아줄 - 래 요 - 아
Fm
Em7
Am7
Dm7
직 도잘 - 모르겠 - 어당신 - 의흔적 - 이 지울수없
B♭
G7
C
- 이 소 -중 -해 -

잘 지내자 우리

조은영, 성용욱 작사
성용욱 작곡
로이킴 노래

밭에 누- 워한-쪽 귀- 로만 -듣던- 달 콤 한 노래들이 쓰
디 쓴아-픔 이-되어 다시 돌 아올것 -만같아 - 분
명 언젠- 가다-시 스 칠날 - 있겠-지 만- 모 른척 지나 가겠지
- 최 선 을다-한 넌- 받아 들 이겠-지 만- 서툴
렀 던 - 난아직도- 기적을꿈-꾼 다 눈 마 주 치며그-땐 미안 했
- 었다고 용 서해 달- 라고- 얘기하 는 -날 - 그때
- -까지- 잘 지 - 내자- 우리 우리 -
지 -내 자

지
금 생 각 해보면 그까짓 두 려움 - 내가 - 바보 같-았 지
- -하며- 솔 직해 질 - 자신있 - 으니- 돌아오
기만 - 하면 좋-겠 다 - 분 - 눈
마 주 치며 - 그땐 미안했-다 고 - 용 서해달- 라고- 이
야 기하 - 는 날 - 그
때 까지 - - 잘 지내자- - 우리 -

헤어지자 말해요

박재정 작사
박재정, 박현중 작곡
박재정 노래

말 해요- 나는사 실 그대에게 좋은사 람 이아-녜 요- - - 그 대
이 -제 날떠 -난다말 해요- 잠시라도 이 -행복을- 느껴서
고 마웠-다 고 - 시간이지 - 나고 - - 나면
- 나는- 어쩔수 없을걸 -문득- 너의 사 진보-겠지- 새로사
귄친구 - 함께- 웃음띤 네얼굴 -보-면- 말할 수 없 을 묘
한 감정-들이 - 힘들 단 걸알-지 만- 그 대 고마웠-다고- - - -우워
- - 한번은널볼 수있-을 - 까 이기적인- 거나-도 잘

알아- - - 그땐 그 럴수-밖에 - 없던어 린 내 -게
한 번만-더 기 회를-주- -길 -
그 댈 정 -말 사 랑 -했 다말 해요- 나는사
실 그대에게 좋은사 람 이되 -고 싶 - -었어 - - - -
영 -영 다 신 -못본다 해도- 그댈위한 이 - 노래가- 당신을
영 원히 -사랑 - 할 테니-

주저하는 연인들을 위해

최정훈 작사
최정훈, 김도형, 유영현 작곡
잔나비 노래

나
의 자라나는 마 음을- 못 본채 꺾어버릴 순 없
네 미 련남 길바엔- 그리워 아픈 -게나아- 서둘러
안 겨본 그품은따스 할 테니- 그 러 다- - 밤 이찾아
오 면 우리 둘만의 비밀 을새 겨요 추 억할그밤위에 갈
피를꽃고-선 남몰 래 펼쳐 보아 요 언 젠가- - 또그날이온
대 도 우린 서둘러 뒤돌 지말 아요 마 주보던그대로 뒷
걸 음치 면- 서 서로 의안녕을 보아 요

가시

임선아 작사
윤우현 작곡
버 즈 노래

너무사랑했–던
나를
크게두려웠–던 나를
미치도록너–를
그리–워했던– 날 이제는–놓–아 줘
보 이지않아–
내 안에숨어– 잊 으–려–하면할수 록 더 ––아파와
제 발가라고––
아 주가라 고– 애 써–도– 나를괴롭히 는데
–

거리에서
윤종신 작사
이근호, 윤종신 작곡
성시경 노래
CM7   G/B   CM7   Dsus4
G   Gaug   C/G   G   Em7   G/D
니가없는거리에는 – 내가할일이없어서 – 마냥걷다걷다보면 – 추
막다른길다다러서 – 낯익은벽기대보면 – 가로등속환히비춰 – 지는 –
A7/C#   D   G   F/G   C/G   Cm/G
억을가끔마주치지 – 떠오르는너의모습 – 내 살아나는그리움한 – 번에 – 참
고백하는니가보여 – 떠오르는그때모습 – 내 살아나는설레임한 – 번에 – 참
G   D/F#   Em   Am   D7   G   Em   Bm/D
잊기힘든사 람이 – 란걸 – 또 한번느껴지는하루 – 어디쯤에머무는지 – 또
잊기힘든순 간이 – 란걸 – 또 한번느껴지는하루 – 아직나를생각할지 – 또
C   G/B   Am   A7/C#   A   Dsus4   D
어떻게살아가는지 – 걷다보 – 면누 – 가말 – 해줄 것 같아
그녀도나를찾을지 – 걷다보 – 면누 – 가말 – 해줄 것 같아
CM7   D/C   Bm   Em   Am   A7/C#   A
이거리가익숙했던 – 우리 발걸음이나란했던 – 그리 운날들 – 오늘 – 밤나 – 를찾
Dsus4   D   G   D/F#   Em   G/D
아 온다 널 그리는 널 부르는 내 하루는 – 애
CM7   Bm7   Am   D   G   D/F#
태 워 – 도 마 주 – 친 추 억이 – 반 가 – 워 날 부 르는 목소 리에 돌

아보면 – 텅 빈 거– 리 어 느새–수 많 – 은니–모 습
– 만 가득해 –
부풀은내–가슴이– 밤 하늘에외–쳐본다 – 이거 리는널– 기다린–다
–고 – 널 그 리는 널 부르는 내하
– 루는– 애 태 워– 도 마 주– 친 추 억이–반 가 –워 날
부르는 목 소리에 돌아 – 보면– 텅 빈 거– 리 어 느새–수 많
– 은니–모 습– 만 가 득해 –

거짓말 거짓말 거짓말

이 적 작사 · 작곡
이 적 노래

다시돌 아올– 거라 –고했–잖아 –
내겐잘 못이– 없다 –고했–잖아 –
잠깐이 면될–거라
나는좋 은사–람이

– 고했–잖아 –
– 라했–잖아 –
여기서 있 으라 말 – 했 었 잖아–
상처까 지 안아 준 – 다 했 잖아–
거짓
거짓

말 거짓말 거짓 말
말 거짓말 음
물끄러미선– 채해 –가저–물고 –
다시나는홀– 로남 –겨진–거고 –

웅크리 고앉–아밤 –이깊–어도 –
모든추 억들–은버 –리는–거고 –
결국너 는나– 타나
역시나 는 자 격

– 지않– 잖아–
이 없 는 거지 –
거짓 말
거짓 말
음
음– –
거짓 말
우 우
우 우

– 그대만 – 을
– 그대만 – 을
하 염없– 이기– 다렸–는데 –
하 염없– 이기– 다렸–는데 –
우우
우우

그대말 –을 철 석같– 이믿– 었었– 는데 – 우우
그대말 –을 철 석같– 이믿– 었었– 는데 – 우우
– 우 – – – 찬 바람– 에 길 은얼– 어붙 –고 – 우–
– 우 – – – 찬 바람– 에 길 은얼– 어붙 –고 – 우–
– 아 – – – 라 리라– 라 라 리르– 르라 –라 – 워–
– 우– – – 나도 새 하얗– 게얼– 어버– 렸 네
– 우– – – 철 석같– 이믿– 었었– 는
– –우 – – – – – 나도 새 하얗– 게얼– 어버– 렸
네
우우 데 우우 –
나나 워 워 – – 워– – –우 – – – – 거짓
말 거짓말 거짓 말

걱정말아요 그대

전인권 작사 · 작곡
이 적 노래

노 래 합 시 다– 후회없이 꿈을꾸었다 말해요
지나간것은 지나간대로– 그런의미가– 있죠 –
우 리 다 함 께 노 래 합 시 다– 후 회 없 이 꿈 을 꾸었다
말해요 지 – 나간–것은 – 지나–간– 대로
– 그런– 의–미 가 – 있 죠 – 우리 다– 함께–
노래 합 시 다– 후 회 없 이 꿈 을 꾸었다 말해요
새로운꿈을꾸었다 말해요

겁쟁이

최갑원 작사
고석영 작곡
버 즈 노래

Am   Am/G   F   C   E7
Am   Am/G   F   Em7   Am   Dm7   G
D.S.
Csus4   C   F   G   Am7   F   G7
다--- 조금 씩 커져가는사-랑 -은 - 한번 씩 나도몰래새-어
C   Dm7   E   Am   Am/G   FM7   Dm7
나 와서- 길을 잃은아이처 럼 울고보-채도- 터진내맘은모르겠
E7sus4   E7   C   E7sus4   E7
죠 눈을감 지마요- -나를바 라봐요- - 당신의
Am   A7sus4   A7   Dm7   E
귓 가에- 다가- 가 말 하 려 해 도 당신앞 에 설 때 면 뒷
Am   Am/G   FM7   F   G   Csus4   C   F   G
걸음만-치는- 그저 난 겁 쟁이랍-니 다 그대 만 나는기다립
C   G/B   Am   C/G   F
니 다

꿍따리 샤바라

김창환 작사 · 작곡
클 론 노래

1.마음이울적하고답 답할 땐 산으 로올라가소릴한번 질러－봐 나처
누구나세상을살다 보며 는 마음 먹은대로되지않을 때가있어 그럴
2.우울한날이계속이 어질 땐 신나 는음악에신나게춤 을춰－봐 나처
누구나괴로운일은 있는 것 한가 지생각에너무집착 하지－마 그럴

럼 이렇－게 가 슴 을펴－고－ 꿍 따리샤바라빠 빠 빠 빠－
땐 나처－럼 노 랠 불러－봐－
럼 이렇－게 리 듬 에맞－춰－
땐 나처－럼 툭 툭 털면－서－

다 그렇게사 －는거야－ 희 비가엇갈리는세상 속에 서－

내 일이다시찾아 오기 에－ 우 리는희망을안고사 는거 －야－

마음대로일이뒤지 않을 땐 하던 일을멈추고여행을 떠나 봐 바다

를 찾아－가 소 릴 질러－봐 꿍 따리샤바라빠 빠 빠 빠－

꿍 따리샤바라빠 빠 빠－ 빠빠 빠－빠 빠 빠빠 빠－ 빠빠 빠－

노래방에서

장범준 작사
장범준 작곡
장범준 노래

Eb F Dm Gm
내 - 가 노 랠 - 부 - 른뒤 그녀의 반 - 응 을 상 상하 - 고 좀더잘
도 - 없 는 늦 - 은 - 새벽 집에서 계 - 속 잠 은 안 - 오고 그녀가
Cm F Bb Fm Bb
불러볼걸 - 노 랠흥얼거 - - - -렸 - 네 -
좋아하던 - 노 랠흥얼거 - - - -렸 - 네 -
Eb Bb Cm F Bb F
사랑때문에노랠연 습하는건자연의이
Gm Fm Bb Eb Dm Gm
- 치 날으는 새들도모 - 두 사 랑노래 - 부 - 르 - 는게 - 뭔가
Cm F Bb F
가능성만열 어 - 준 - 다면 근데그년남자친구 가있었지그것은내
Gm Fm Bb Eb Dm Gm
실수 그후로 흔자노래 - 방에서 복잡한 - 밤을 달랬네 - 몇달
Cm F Eb F
을 - 혼자노래방에 갔는지 그렇게 노 - 래 방이취미 가되 고 그녀가
Dm Gm Cm F
좋 - 아 하 는 노랠 - 해 괜찮은 척 - 안슬픈척 - - 노랠 - 불렀

- 네 - 어 - - - 그렇게 내 - 가 노 랠 - 부 - 른뒤 우연히
집 - 에 가 려 하는 - 데 갑자기 그녀 - 가 - 노 래방에가자 - - - 하
- 네 - 그렇게 나 는 그녀 - 를 따라걸어보지만
괜찮은척사 실난너 - 무많이떨려 - 요 - 그녀아 - 무렇지않아도나 -
- 는 아무렇 지 - 않 - 지 않 - 아 요 근 데 그 녀 - 는
나를바라보고는 자기도지금아무렇 - 지않지않 대 - 요 - - - 무슨말
- 이냐고물어보네 - - - 그렇게 그녀가
D.S. al Coda
좋아하던 - 노 랠흥얼거 - - - - 렸 - 네 -
Fine

나는 나비

박태희 작사 · 작곡
윤도현 밴드 노래

내모 습이 보이지않아 – 앞 길도보이지않 아 –
나 는 아주작 은 애벌레 – 살이 터져 허–물벗어
한번두번–다–시 – 나 는 상처많 은 번데기
– 추운 겨 울 이–다가와 – 힘 겨울지도– 몰라
– 봄바 람이 불–어오면 – 이제 나의꿈을– 찾아 – 날아 날개
를 활짝 펴고 – 세상 을 자–유롭게 날 거 야 노래
하 며춤추는 – 나는아 름 다 운 나 비– 날개 를 활짝펴고
– 세상을 자–유롭게 날거 야 노래 하 며춤추는 – 나는

아 름 다 운 나 비— 워우 워 우— — — 워우
워 우— — — 거미 줄을 피—해날아 —
꽃을찾아—날 아 — 사마 귀를 피—해날아 — 꽃을찾아—날 아
— 꽃 들—의 사 랑 을전하—는—나 — 비 날개
아 름 다 운 나 비— — —
날개 를 활짝펴고 — 세상 을 자—유롭게
날거 야 노래 하 며춤추는 — 나는아 름 다 운 나 비— 워우
워 우— — — 워우

너를 생각해

MR. BLACK 작사
주 식, 안성현 작곡
주시크 노래

- 리고 -나선- 항 - 상 흥얼거 리며 - 따 라 불 렀어 나 를 -보
며 신 나 있 던 너 에게 - 불 러주고 싶 던 노 래를 - 왜 이 제 야겨 - -우
주 가 곤 했 던 카 페에 - 이노래가 나 올 때 까지 - 네 친 구 가따 - -라
완 성했 -을 -까 이노랜 - 널 사 랑 한 다 는 -내얘 -기가 - 잔 -
부 를때 -까 -지 이노랠 - 유 명 해 지 게 계 -속불 -러서 - 나 -
뜩 들어갔 어야 - 하 는 노 랜데 - 너를
는 너에게 로꼭 - 닿 고 말 거야 - 너를
네 가 -자
너를 사 랑할 -땐몰 -랐 던 - 바 보 라미 -안해 - 아 -
마 이 -걸 듣 - 고 너는 원 망하 -겠 -지 - 이 젠 내 가많 -이잘 -할 게 - -너
혼 자울 -지마 - 혹 - 시 듣 -게 되 - -면 아직 너뿐이 -라 -고 -

너를 위해

채정은 작사
신재홍 작곡
임재범 노래

붙잡아야 할 테 지-만 - 내거 친생-각 과 불안 한눈- 빛
과 그걸지켜보-는너 ------그건아마도- 전 쟁같-은 사-랑 -
난 위험하-니-까 - 사랑 - 하 니 ----까 너에
게 서 떠 나 줄 거 - 야 --
날
야-- 오----- 너를 위해--- 떠 날 거-
야---

너에게 난 나에게 넌
송봉주 작사 · 작곡
자전거 탄 풍경 노래

너에게난 – 해질 녘 노 을 처럼 – 한편의아 – 름다 – 운
추억이 – 되 – 고 – 소중했던 – 우리 푸 르던 – 날을 – 기억 – 하 며
– 음 후 회없 – 이 그림 처 – 럼 남아주 – 기를 – 나에게넌 –
내외롭던지 – 난 시 – 간 을 – 환하게비 – 춰주 – 던 햇살이 – 되 고 –
초록의슬 – 픈 노 – 래 로 – 내작은가 – 슴속 – 에 이렇게 – 남 아 –
조그맣던 – 너의하 – 얀 손 – 위 에 – 빛나는보 – 석처 – 럼
반짝이던 – 너의예 – 쁜 눈 – 망 울 에 수많은별 – 이되 – 어
영원의 – 약속 – 이되 – 어 – 너에게난 – 해질 녘 노 을 처럼 –
영원토 – 록빛 – 나고 – 싶 어

한편의아– 름다–운 추억이–되–고– 소중했던– 우리
푸르던–날을–기억–하며– 음 후회없–이 그림처–럼 남 아주–기를
너에게난– 해질 녁 노 을 처럼– 한편의아– 름다–운
추억 이–되–고– 소중했던– 우리 푸르던–날을– 기억–하며
음 후회없–이 그림처–럼 남 아주–기를 –

눈의 꽃

Kenzie 작사
원곡-Satomi / Matsumoto Ryoki
박효신 노래

CM7   D7/C   Bm7 B7/D# Em7   Am7   D7sus4
니 에요–   이렇게 그댈 사랑 하 는데–   그저 내 맘 이 이럴 뿐   인 거죠
갔 나요–   무엇이 든다 해 주 고 싶은–   이런게
라 봐요–   그저 그 대의

G   C/G   D/G   C/G   D7 Am7   D7sus4
D.S.
–   그 사랑인줄 배 웠어요

G   G/A G/B   C   F#aug F#7 Bm7   E7(♭9) Am7   D7sus4
혹 시 그대 있는–곳 어–딘 지 알 았다면– 겨– 울 밤 별이 돼–그대를

GM7 G7   C#dim7   CM7   C#dim6   G/D   B7/D# Em7 Em7/D
비 췄을–텐데 –   웃던 날 도 눈–물–에 젖었–던 슬 픈 밤–에도 –   언 제

Am7   D7sus4 D7   B7   Bm7   Em7
D.S.S.
나 그 언제나 곁 에 있 을   께요–   지금 곁 에서–   함 께 이

Am7   G/B   C   F#dim7 B7   Em7   Em7/D
고 싶 은 맘뿐–이라고– 다신 그 댈 놓 지 않– 을 게 요 끝 없 이 내 리– 며 우 릴

CM7   D7/C   Bm7 B7/D# Em7 Em7/D Am7   G/D
감 싸온–   거 리 가 득한 눈 꽃 속 에서–   그 대와 내 가 슴 에 조–금 씩 작은

CM7   G/B   Am7   D7sus4(♭9)   G
추 억 을 그리–네요 영 원 히 내 곁 에 그 대 –   있 어요 –

바램

미스터트롯 임영웅

김종환 작사 · 작곡
노사연 노래

것도아니고- 아주작은한마디- 지친나를 안아주-면서
사랑한 다 -정- 말 사랑한-다는-그-말을 해준다
면 나 는 사막을 걷는다해도 꽃 길이라-생각할겁니
다 우 린 늙어가는 것이아니라 조금씩 익어가는겁니
다
내가 다 우 린 늙어가는 것이아니 라 조금
씩 익어가는겁니 다 저 높은 곳에- 함
께 가야할 사-람 그대- 뿐 입-니 다

보고 싶다

윤사라 작사
윤일상 작곡
김범수 노래

아 무 리 기 다 려 도 난 — 못 가 바 보 — 처 럼 울 고
있 는 너 의 곁 에 상 처 만 주 는 나 를 왜 모 르 고
기 다 리 니 떠 나 가 — 란 말 야 — 보 고 싶 다 보
고 싶 다 보
고 싶 다 이런 — 내가미 워질 — 만 큼 — — — — — — — 울
고 싶 다 이런 — 내가미 워질 — 만 큼 — — — — — — — 믿
고 싶 다 네게 무 릎 꿇 고 모 두없 — 던일 — 이될 — 수있
고 싶 다 옳은 길 이 라 고 너 를위 — 해떠 — 나야 — 만한

다면 – 미 칠 듯 사 랑 했 던 기 억 이 – 추억
다고 –
들 이 – 너 를 찾 고 – 있 지 만 더 이 상 사 랑 이 란
변 명 에 – 너 를 가 둘 수 없 – 어 – – 이러면
안 – 되 지 만 – 죽 을 만 큼 보 고 싶 – 다
죽 을 만 큼 보 고 싶 – 다
보 죽 을 만 큼 보 고 싶 – 다 – –
D.S.
죽 을 만 큼 잊 고 싶 다 – – – –

비행기

임성훈 작사
임성훈 작곡
거북이 노래
♩ = 120

철 없 을적내기 억 속 에   비 행기타고가 요 - -   파란

하늘위로훨- 훨날아   가 겠- 죠   어려서꿈- 꾸었던   비행기타- 고기다

리는동안아- 무말도   못 해요   내 생각 말할순 없 어요-   모든

준 비 다 끝났- 어곱게 차 려입 고나- 선   바깥풍 경 마 저들- 뜬 기 분
내 색 할 순없- 어이번 이 처음 이지- 만   전에자 주 비 행했- 었 잖 아
느 낌 일 까정- 말새들 처 럼나 는기- 분   세상모 든 것 이점- 처 럼 보

때 가 왔 어하늘위 로   날 으 는 순 간- 이 - 야 조 금
친 구 들 과말썽장 이   거 북 이 비 행- 기 - 로 올 라
여 지 겠 지개구쟁 이   거 북 이 비 행- 기 - 로 드 디

D
1.
2. D
G
B7
은   두려워 도   애써 나   수많 은   사람들 속
타   준비됐   다
어   출발한

Em   C   A7   D   B7
을지 나쳐   마지막게 이트 야   나도 모   르게안절부

Em   C   A7   D
절 하고있어   이 럴땐 침 착해 좀 자 연 스럽게 난
D.S. al Coda

G   B7   Em   C   Am7   D
비 행 기를타고 가 던 너   따 라 가고싶어 울 었 던

G   B7   Em   C   Am7   D   G
철 없 을적내기 억 속 에   비 행기타고가 요   Yes
Fine

G   B7   Em
Fly   다들아무일도없 는듯   하늘을나르는데아무걱정없 는듯

C   A7 3   G   3   B7
왠지철닥서니없었나문득   이런내 모습촌스러입다문듯   쳐다보지말아요다들

Em   C   Am7   G
처음탈때이러지않았나요딴데 봐요   신경쓰지마요나   혼자이런게나좋아요어떤

벗꽃 엔딩

장범준 작사 · 작곡
버스커 버스커 노래
그대여   그대여   그대 여   그대여   그대여
오늘은 우리 ― ―같이―   걸어 요   이거 ―리를
밤에들여오는 자장노래― 어떤 ―가 요   오 ―에 ― 몰랐던
― 그대와 ―   단둘 ―이―   손잡고 ―   알수
하는 그대와 ―   단둘 ―이―   손잡고 ―   알수
없는 이―떨림과 ―   둘이 걸어 요   봄바람휘날리며
없는 이―거리를 ―   둘이 걸어 요   봄바람휘날리며
― ―흩 ―날리는벚꽃잎이 ―   ―울 ―러퍼질이거리를

Bm11   E7   AM7   G#m7+5   F#m11
－ 우우 － 둘－이－ 걸어요 봄바람휘날리며
Bm11   E7   AM7   G#m7+5 F#m11
－ －흩－날리는벚꽃잎이 － －울－려퍼질이거리를
Bm11   E7   1. AM7   G#m7+5   F#m11
－ －－－ 둘－이－ 걸어요 오 －예－
Bm11   E7   AM7   G#m7+5 F#m11
Bm11   E7   AM7   G#m7+5   F#m11
Bm11   E7   AM7   G#m7+5   F#m11
그대여 우리 －－이제－ 손잡 －아요 이거 －리에
Bm11   E7   AM7   G#m7+5   F#m11
마침들려오는 사랑노래－ 어떤 －가요 오 －예－ 사랑
2. AM7 G#m7+5   F#m11   Bm11   E7
걸 어요 바람불면 － 울렁이는 － 기분탓에

AM7 G♯m7+5 F♯m11 Bm11 E7
나도모르–게 – 바람불면 – 저편에서 – – – 그대여
AM7 G♯m7+5 F♯m11 Bm11 E7
니모습이자꾸겹쳐 – 오– 또 울렁이는 – 기분탓에
AM7 G♯m7+5 F♯m11 Bm11 E7
나도모르–게 – 바람불면 – 저편에서 – – – 그대여
F♯7 Bm11
니 모 습 –이자 꾸 겹 쳐 – 사 랑 하 는 –
Bm11 C♯m7 D
연인들이많군요 알수없는 – 친구들이많아 – 요 흩날리는 –
D E7 F♯m11
벚 꽃 잎 이 많 군 요 좋 아 요 봄 비 람 휘 닐 리 며
D.S.
AM7 G♯m7+5 F♯m11 Bm11
걸 어 요 오 – 예 – 그 대 여
E7 AM7 G♯m7+5 F♯m11 Aadd9
그 대 여 그 대 여 그 대 여 그 대 여

사랑하기 때문에

유재하 작사
유재하 작곡
유재하 노래

사랑 Two

이경희 작사
임준철 작곡
윤도현 노래

널 만나면– 말없이 있어도–
또 하나 의나– 처럼– 편
안 했던–거야–
널 만나면– 순수한 네모습– 에 – 철
없는아– 이처–럼 – 잊었 던–거야–
내겐너무소 중한
–너 –
내겐너무행 –복 한 너
복 한 너

사랑할수록

김태원 작사
김태원 작곡
부　황 노래

란걸— 너 를사 — 랑하—면 할 수 록
멀 —리— 떠—나가 — 도록— 스 치듯 — — 시 간 의흐름속
에 — —
(G.T solo)
D.S.
내
에 이제 지 나간— 기 억이 — 라고 떠 나며
너 에게— 난아픔이었 — 다 는걸— 너 를사
— 말하— 던 너 에게 — 시 간이— 흘 러지
— 랑하— 면 할 수록 — 멀 —리— 떠 나가
F.O.
날 수록— 너 를사 — 랑하—면 할 수록 —
— 도록— 스 치듯 — 시간— 의흐름속에 —

사랑했나봐

전해성 작사
전해성 작곡
윤도현 노래
이별은만남보다 참쉬운건 – 가 봐
차갑기만한사람 –
내맘다가져간걸 왜알지못 – 하 나
보고싶은그사람 –
사랑했나 봐
잊을수없나 봐
자꾸생각
나 견딜수가 – 없 어
후회하나 봐
널기다리나 봐
또나도몰래
가슴설레여 와 저기 널닮은뒷 – 모 습 에
기억은계절따라 흩어져가 – 겠 지
차갑기만한사람 –
빈가슴애태우며 난기다리 – 겠 지
어설픈내사랑을 –

사랑했나
못되게눈돌리며 외면 한 – 니모습모른척할래 –
한번쯤은날 뒤돌아보–며– 아파했다 믿–을래 – – 바보인가
봐 한마디못하는 – 잘지내냐 는 그쉬운인–사 도 – – – 행복한가
봐 여전한미소 는 자꾸만날작 아지게만들 어 멀어 지는니모–습처럼
언젠가다른사람 만나게되–겠 지 널닮은미소짓는 –
하지만그사람은 니가아니–라 서 왠지슬플것같아 –
잊을수없는사람 – – 우 –

소주 한 잔

임창정 작사
이동원 작곡
임창정 노래

술 이한 잔 생각나 는밤 같 이 있는것 같 아요
그 좋았던 시 절들 이젠 모 두 한숨만 되 네요
떠 나 는그 대 얼 굴이 혹 시 울 지 니
떠 나 는그 대 얼 굴이 마 지 처 음 과
않 을까 나 먼저돌 아 섰죠 그 때 부터 그
같 아서 나 눈물이 났 어요 그 때 부터 그
리 워요 사람 이 변하 는 걸 요 다 시 전보다그댈

원 해 요 이렇 게 취 할-때-면- - 꺼 져 버-
바뀌어버-
린- - 전화를 붙 잡고- - 여보 세 요나야- 거기
잘 지 내니- 여 보 세 요왜- 말 안 --하니- 울
고 있니--내가-오 랜 만이-라-서- - 사 랑 하 는- 사
람 이-라 -서- 그 대 소 --중한- 마 음 밀 --쳐 낸
이 기 적 인그-때 에 나 에게- 그 대 --를 다 시
불 러오라 -고 미친듯-이-외 쳤 어-

린― 전―화번―호 누 ―르고―― 여 보세요나야― 거기 잘 지내니―

오랜만 이야―내 사 랑아― 그 대 ――를다 시 불 러오라 ―고

미친듯―이―울 었어― ― 우― ―― ―― ―

여 보세요나야― 정말 미 ―안해――――― 이기적인그―때

에 나에게――― 그 대 ――를다 시 불 러오라 ―고 미친듯―이―외 쳤

― 어― ―

술이야

류재현 작사
류재현 작곡
바이브 노래

B7sus4 B7 /D# E D#7sus4 G#7 C#m7 B7sus4 E/G#
줄 이– 야 이제 난 남이야 정 말 남이야 널잃 고
A E/G# 1. F#m7 B7sus4
이렇게– 우린– – 영 영 이–제 우리 둘–은 –
B7sus4 4 A Bsus4
남이야 – 슬픔이차 – 올라–서
C#m7 A Bsus4 C#m7 B/D#
– – – – 한 잔 을 채 – 우 다 가 떠 난 그 – 대 가 미
E /G# A F#m7 E/G# A
– 워 서 – 나 한참을훙 – 보–다가 – 또다시
F#m7 E/G# A 3 Bsus4
어 느 새 그 – 대 말 투 – – – 내 가 하–죠 – – – – 난 늘
2. F#m7 G# C#m C#mM7
영영이–제 우리둘–은 – – – – 술마시면취하고 나한얘기를또하고

이젠너 남인줄도모르고 너하나기다렸어
난늘 술이야 맨날 술이야 널잃고
이렇게 내가 힘들줄이야 이젠난 남이야 정말
남이야 널잃고 이렇게 우리 영영이제우리둘은
정말 영영이제우리둘은
남이야
저물어가 는오 늘도 난 술이야

시청앞 지하철 역에서
김창기 작사 · 작곡
동물원 노래
Medium Go Go
Intro
F C/E Dm Dm/C B♭ G7/B
시청 앞 지하-철 역 -에 서 너를 다시 -만 -났 었
C7 F C/E Dm B♭
-지- 신문 을 사려돌아 섰 -을 -때 너의 모습을보 -았 지
C7 F A7 B♭
- 발디딜 - 틈없 -는 그 - 곳에 -서 - 너의이름을부
B♭m Gm C7 B♭
- 를 -때 - 넌놀란 모 -습으로 - 음 음 -음 -
C7 F C/E Dm Dm/C B♭ G7/B C7
음 너에
F C/E Dm Dm/C B♭ G7/B
게 다가가려 할 -때 에 난누군 가의발 을 밟았 기
듯 더디 -던 시 -간 이 우리를스 쳐 지 -난 지
씩 너를생각 한 -다 고 들려 주 고 싶 -었 지
C7 F C/F Dm Dm/C B♭
-에- 커다 란 웃음으로 - 미안 하 -다 - 말해야했 -었 지
-금- 너는 두 아이 -의 엄마 라 -며엷은 미소를지 -었 지
-만- 짧은인 사만 -을 - 남겨 둔 -채너는 내려야했 -었 지
C7 F A7 B♭
- 살아가 -는얘 -기 - 변한 이 -야기 지루 -했던
- 나의생 - -활 -을 - 물었 을 -때 나는허탈 한어
- 바삐움 -직이 -는 - 사람 들 -속에 너의모습이사

B♭m   Gm   C7
날 씨이-야기   밀려오는 추-억으로- 우린
- 깨짓-으로   어딘가있을 무-언가를- 아직
- 라질-때-   오래전 그-날처럼- 내

B♭   C7   1.F   C7   2,3.F   Dm
쉽게지-쳐 갔-지-   그럴-지-   언젠가-우
찾고있-다 했
마 음-엔-

Am   B♭   F   B♭
우 리다-시- 만 나는-날 엔-   빛나는-

Dm   G7   C7   Dm   Am
열 매를- 보여 준 다했-지-   우리의 영-혼-에-

B♭   F   Dm   B♭
깊 이새-겨 진-   그날 의- 노래-는- 우 리귀-에아직

G7   C7   C7   C7
아 련한-데-   가끔   라라
D.S.

F   C/E   Dm   Dm/C   B♭   G7/B   C7
라 - - - - - - 라라 - - - - - - 라라

F   C/E   Dm   Dm/C   B♭   C7   F   F.O.
라라

신호등

이무진 작사
이무진 작곡
이무진 노래

F#m7(11)
Dadd2
E
질 려 도망 간 - 친 구가 - 뇌에맴 도네 -
C#m7
F#m7(11)
Bm7
Esus4 E
건반처럼생긴 도로위- 수많은 동 그 라미 들 - 모두가
C#m7
F#m7(11)
Bm7
- 멈췄다굴렀다 말 은잘-들어- - - 그건나 도 문 제가 - 아냐
E FM7 G
C
G
Am
Em
- 붉은 색 푸른색- 그사 이 3 초그짧은시간 - 노 란
F
C
Dm
G
C
G
색 빛 을내-는 저기 저 신호등 이- 내 머 릿 속을텅- 비워 버
Am
Em
F
C
Dm
G
러 내가빠른지도 - 느린 지 -도모-르 겠-어 그저 눈앞 -이 샛 노랄-뿐
Am
Em
FM7
G
야 꼬 - 질꼬질 한사람이나- 부 - 자 곁 엔아무 도없는

삼 - 색조 명 과 이색칠위 에 - 서있어
괴 롭 하지 마 - 붉은 - 색 푸른색 - 그사 이 3 초그짧은시간 노 란
색 빛 을 내는 저기 저 신호등 이 - 내 머 릿 속을 텅 - 비워 버
려 내가빠른지도 - 느린 지 - 도 모 - 르 겠 - 어 그저 눈앞 - 이 샛노랄 - 뿐야
- - - Dum da ra stu - du du du ru bye
- Du ru why - dru why - Stu bi ru bi ru bi ru rum dai -
Stu bi ru bi ru bi ru rum dai -

야생화

박효신, 김지향 작사
박효신, 정재일 작곡
박효신 노래

머금고기- 다린떨 림 끝에 다 시 - 나 를 피우리- 라 사랑은피
고 또 -지는 타버리 는 불 꽃 빗물에젖 을 까 두눈을
감 -는다 어 리 고 작 았 던 나 의 맘 에- 눈부 시 게
빛 나 던추-억속에--- 그렇- 게 너를-또 한 번 불 러 본
- 다 --- 좋 았던 - 기 억 만 그리운-
마 음 만 니 가 떠 나 간그- 길 위에- - 이 렇-게
나 만 -서있 -다 잊 혀 질 만 큼 만 괜 찮 을-
만 -- -큼 ---만 - 눈 물 머 금 고기- 다린 떨 림 끝 에

다 시 나 – 는 – 오– – – – – 메

말 라 가 는– 땅 위–에 온 몸 이 타 들 어 – 가 고 – – – – – 내

손 끝 에 남– 은– 너 의 향 기 흩 어 져 – 날 아 가 – – – – –

– – –오 – – –오– 멀 어 져 – 가 는 너– 의 손 을– – 붙 잡 지

못 해 아 프 –다 – 살 아 갈 만– – 큼 만– – 미 워 했 던

만– –큼 만– 먼 훗 날 너 를 데 려 다 줄 그 봄 이 오 면 –그 날 에

나 피 우 리– 라 라 라 라 라 라 라 라 라 라 – 라 라 라

라 라 라 라 라 라 라 라 라 라 – –

어느 60대 노부부 이야기

미스터트롯 임영웅

김목경 작사 · 작곡
김광석 노래

은 - 그렇게 - 흘러 황 혼에 - 기우-는 데
큰딸아이 - 결혼식 날 흘 리 던눈물 - 방울 이 이제
다시못올 - 그먼길 을 어 찌 혼자가 - 려하 오 여기
는 모두 말 라 여보-그눈물을 기억 - 하 오
날 홀 로 두고 여보-왜한마디 말이 - 없 소
세 월이 - - 흘러감 에 흰 머 리가늘 - 어가 네 모두
다 떠 난 다 고 여보-내손을꼭 잡 았 소 세월
여보-안녕히- 잘 - 가시 게

이등병의 편지

김현성 작사
김현성 작곡
김광석 노래

여
짧게
잘린 내 머리가 처음에는 우습다가 - 거울
속에 비친 내 -모습이 굳어진 다 마음 까 -지 - 뒷동
산에 -올 라 서면 우리 마 을 -보일 -런 지 나팔
소리 고 요 하게 밤하늘 에퍼 지 면 이등
병의 편 지 한장 고 이접 어보 내 오 이제
다시 시 작 이다 젊은날 의꿈 이 여 -

잊었니

홍진영 작사
홍진영 작곡
이승철 노래
잊었 니- 날 잊어버-렸 니 그 수많은 추억들은
잊 어버- 렸 니 가슴은- 널 향 해팔-벌 려
오늘도 간 신히-버 티 고있- 는 데 추억 이- 점 점
빛바래-가 면 너와거 닐던길-에 우두커니서- 지우고- 또
지 우려-해 도 니 숨 결 목 소리-가 귓 가에- 들 려 잊 었니
- 날잊이 비렀니- 아직 닌 널 기다리-짙- 아- - 사랑이
- 또울고 있잖아- 가슴엔 - 늘눈물이-고- 여- -워-
지워 도- 자 꾸 지 우려-해 도 그대얼 굴 이자-꾸

떠 오르– 네 요 ––– – 잊었 니– 날
잊어버–렸 니 수많은 추억들–은 잊어버–렸니 가슴은– 널
향해팔–벌 려 오늘도간신히–버 티고있–는데 잊었니 여– ––– 잊었니
––– 날잊어 버렸니– 아직 난 널기다리–잖– 아– – 사랑이
– 또울고 있잖아– 가슴엔 – 늘눈물이–고– 여– –워–
지워도– 자꾸 지우려–해 도 그대얼 굴이자–꾸 떠오르–네요
지워 도– 자 꾸 지 우려–해 도 그대얼 굴 이자–꾸
떠 오르– 네 요 그대얼 굴 이자–꾸 떠 오르– 네 요

연예인

싸이(Psy) 작사
유건형, 싸이(Psy) 작곡
싸이(Psy) 노래

Em   Asus4   A
코 메 디 까 지 다 해 - 줄 게 - - - - - 그 대 의
Bm   E7/G#
연 예 - 인이되 - 어 평생을 웃 게 - 해줄게 - 요 언제나
G   Em/A   A   1.Em/A
처음 - - 같 은 - 마 - 음 으 - 로 -
D   G/B   D   Bm
너 를 슬 프 게 하는사람누구 야 오늘모 습도이 뻐 뭐야 왜 우는데
G/B   Bm   G   Em7
그러자 그녀가 웃 는 데 항 상개인기와 신기 한이벤트쇼 쇼- 쇼
A7   Em7/A   A7   D
준 비다끝 났 으니우 울 한 날엔 말 씀하셔 셔- 셔 분위기띄울땐
D   Bm
댄 스뮤 직 한 곡 때리고 무 드잡을땐발 라 드한곡뽑고
G   D/A   A
리 듬 타고풀- 땐힙 합 힙힙힙- 합 하늘높 이 뛰고풀- 땐

락 엔- 롤 그 대 의 난 그 대 의 연 예- 인
난 그 대 의 연 예- 인 난 당 신 의 연 예- 인 - - -
난 당 신 의 난 당 신 의 댄 스 가 수
때 로 는 영 - 화 배 우 같 아 때 로 는 코 - 미 디 언 같 아
때 로 는 탤 - 런 트 같 아 때 로 는 가 - 수 같 아 너 의 기 분 에 - 따 라
난 - 난 그 대 의 연 예 - 인 이 되
- 어 평 생 을 웃 게 - 해 줄 게 - 요 언 제 나 처 음 - -
같 은 - 마 - 음 으 - 로 - 난 그 대 의 연 예 - 인

좋니

윤종신 작사
포스티노 작곡
윤종신 노래

기 버 거워 니가 조금더 힘들—면 좋 —겠어— 진 짜 조—
—금 내십분의—일— 만—이 라도— 아프다— 행복 해
쥐 —
억울한가봐— 나만 힘든것같아— 나 만 무너 진—건 — 가—
고 — —작 사 랑한번따위— 나 만 유난떠는건 —지
복 —잡 해 분명 행 복바—랬이— 이렇 게 삘리— 보고 싶— 을
— 줄 좋으니 사랑—해— — 행복 해 줘— 혹 시 잠시—라 도
— 내가떠오르—면 갠잘지내물어—봐줘 — 잘 지 — 내 라고답—할걸

모 두다 내가 잘 사 는줄 다 아 니까 그 알 량
한 자 존 심때 문 에 너무 잘 사는 척후 련한 척살 아가
좋아 정말 좋으니 딱잊 기좋 은은추 억정 도 니 난
딱 알 맞 게사 랑 하 지못한 뒤 끝 있 는 너의예 전남 자
친 구 일뿐 스쳤던 그 저 그런 사 랑
워 우 아
우 아

천년의 사랑

이현규 작사
유해준 작곡
박완규 노래

이 토록 – 널 보낼수는없다고 밤 을새 워 간 절히기도했–지만
더 이상 – 널 사랑할수없다 면 차라리 –나도– 데 려 가
내 마 지 막 소–원은– 하 늘이– 끝내– 모른–척
저 버린–데– 도 불 꽃처 림 꺼지지 않는– 사랑 ––으로–
영 원히– 넌가– 슴속–에 타오를 테니– 나 를 위 해서– 눈
물 도 참 아 야 했던– 그 동안– 에넌– 얼마–나 힘이들 었니– 천

Am7   F(add2)   G   CM7   F   Esus4 E   1. FM7
년 이 가도– 난 너를잊을수없어– 사랑했기때 문 에

Dm7   B♭M7   E   /G#   Am11   Am

F   E♭dim7   Esus4

E   Am   2. Am   Am7   F(add2)
에   나 를 위 해서–   눈

G   CM7   F   Dm7   Bm7(-5)   Esus4 E
물 도 참 아 야 했던–   그 동안– 에넌– 얼마–나   힘이들었니–   천

Am7   F(add2)   G   CM7   F   Esus4 E
년 이 가도–   난 너를잊을수없어–   사 랑 했기 때 문

FM7   F(add2) Esus4   E   Am
에   사랑했기때   – 문 – 에

Dm7   G7/D   Dm7   G7/D   A(add9)   8va

총 맞은 것처럼

Hitman Bang 작사 · 작곡
백지영 노래

어떻게좀해– 줘   날좀치료해 줘   이러다내가 슴 다망––가져
– 구멍난가슴 이   어느새눈물– – 총 맞은것처   럼   정말
– 가슴이너무 아–파   오– – 이렇게아픈– 데   이렇게아픈
데   살수가있다 는 게이––상해 –   어떻게너를 잊   어– 내–가
– 그런거나는 몰–라   몰라 – 가슴이뻥뚫– 려   채울수없어
서   죽을만큼 아   프기––만해 –   총맞은것처 럼   우––
–

취중진담

김동률 작사 · 작곡
전람회 노래

이렇게널사랑 해-- 어설픈나의말이 촌스럽-
이런일없을거 야-- 아침이밝아오면 다시한-
고- 못미더워-도- 그냥하는말이 아냐- 두번다 시--
번- 널품에안-고- 사랑한다말할
게-- 자-꾸 왜 웃기만하는거-니 -
농담처럼들리니 - 아무말도 - 하지않고 어린애
보듯 바라보기만하니 언제 이런얘기하는그런사람은아 냐 너만큼-이-
나 나도참어색해- 너를똑바로쳐다볼수없어 자꾸만아까부터 했
던말또해미안해--- 하지만오늘난 모두다말할거야 -
게-- 널사랑 해-- 이렇게널사랑- 해--

흔들리는 꽃들 속에서 네 샴푸향이 느껴진 거야

장범준 작사
장범준 작곡
장범준 노래

Am G7 F G7sus4 1.C 2.F
-를 아쉬워하다너 -를 연락했다할까 -   어떤계절이너
Am Dm G7
-를 우연히 라 도 너 -를 마주치 게 할 까 -   난 이 대 - 로
Em Am Dm
- 아쉬워 하 다 너 -를 바라만 보 던 너 - 를 기 다 리-면 서
F Dm7 Gsus4 C G7
- 아무말못하고 - 그리워만-할- 까 - 걷다가보면 항 상 -이렇게너
Am G7 F G7sus4 C
-를 바라만 보 던 너 -를 생각한 다 고 말 할까 -   지금집앞에
C F Am G7
기다리고 - 때론지나치고 - 다시 기다리는 - 꽃이피 는 거 리에
F G7sus4 C C
- 보고파 라 이 밤에 - - 걷다가보면 -
D.S. al Coda
Fine

My Destiny

전창엽 작사
진명용 작곡
린 노래

나 다시허 락한－ 다－
면 그 댈 다시볼수있－－다 면 내 지난기억속－ 에
서 그－아픔속－에－ 서 그 댈 불 －러 You－'re my des－ti－ny－ 그
－댄－ You－'re my des－ti－ny－ 그 댄－－ You－'re my
eve－ry－thing－ 그대 만 보 면서－ 이렇게 소 리없－ 이불－ 러 봅 니－
다 You－'re the one my－love 그 －댄－ You－'re the one my－love 그
댄－－ You're my de－light of all－ 그대 는 영 원한－ 나－의 사랑－ 이
－죠－ 내 곁에다 가와－－줘

GM7   F#m7(♭5)   B7   EM7   Am   D7
요   날   아직사 랑한––다 면   두   눈에고 인눈––물

GM7   G#dim7   Am   D7sus4   D   G
이   그대를원–하– 죠 사랑 해 요–– You–'re my des–ti–ny –   그

G   Em7   Am7
–댄– You're my des–tiny– 그 댄–– You're my everything– 변하지

AmM7   Am7   D7sus4   D   G
않는건– 그대를 향한나–의사–랑입니– 다 You're the one my– love 그

G   Em7
–댄– You–'re the one my–love   그 댄–– You're my de–

Am   D7sus4
light of all–   세상 이변 해도–   그대만 사랑하– 는나– 를 아 나–

D   Am7   D7   GM7   Em7
요   My des––ti–ny   oh–– oh

Am7   D7   Am7/G   G
그대를 불 러봅–   니다– –

Tears

정성윤 작사
주태영 작곡
소찬휘 노래

차 ―라 ―리 나를― 미 워해― 이제그만― 내
겐미련보이지 ―마―――　두번다시― 넌나를찾―지 마
―――　― 나로인해― 아 파 할테니까 ―― ―
― 잔인 한 ― 여자 라 ― 나를 욕 ― 하지―는마 ― 잠
가져 가 ― 내게 서 ― 눈먼 너 ― 의사―랑을 ― 모
시 ―너를위 해 이 별 을 택한―거 야―― 잊지는 마 내사랑
든 게집착인 걸 너 도 알 고있―잖 아―― 지독했 던 사랑따
을 너 는내 안에―있 어 ― 길 진 않을거 야 슬 픔
윈 모 두지 워버―려 줘 ― 길 진 않을거 야 마 지
이 가기―까 지―― 영원 히 ―― ―
막 순간―까 지―― 사랑 해 ―― ―
아 ― 아 ― 스와와 따이― 우 아

Never Ending Story

146

추 억 에 남 - 겨 져 갈 - 거 라 고 -
그 리 워 하 며 - 언 젠 가 - 만 나 게 되 는 - 어 느 영
- 화 와 같 은 일 - 들 이 이 뤄 져 가 기 를 - - - - 힘
겨 워 한 - 날 에 - - 너 를 지 킬 수 - 없 었 던 - 아
름 다 운 - - 시 절 속 에 - 머 문 그 - - - 대 이 기
에
너 는 떠 나 며
- 아 침 을 떠 나 - 가 듯 이 - 멀 리 손 을 - 흔 들 며

언 젠가 – 추억에남 –겨져갈 – 거 라고
– 대여 –
그 리워하며 – 언젠가 – 만나게되는 – 어느 영
– 화와같은일 – 들 이 이뤄 져 가기를 – – – 힘
겨 워한 – 날에 – – 너를지 킬수 – 없었던 – 아
름 다운 – – 시 절 속에 – 머문그 – 대여 – –
– – 대 이 기 에 워 –
– – – – – –

공원에서

유희열 작곡

♩ = 110
Dm7
G7
CM7
A7
Dm7
G7
Em7(♭5)/B♭
A7
F
B7/D#
Em7
E♭7
Dm7
G7
1. CM7
A7(♭5)   A7
2. CM7
F/G
CM7/G
F/G
CM7/G
F#m7(♭5)
E♭dim
Em
A7
Dm
CM7/E
F
Fm6/A♭
G7
CM7
D.S. al Coda

그대를 만난 날

너를 태우고

J. Hisaishi 작곡

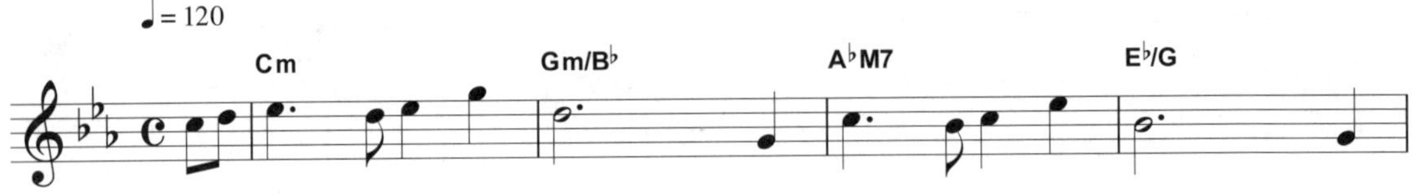

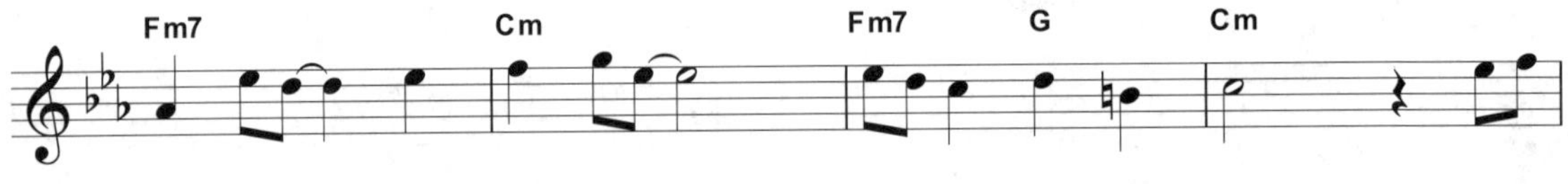

G7/B
G
Cm
Gm/E♭
A♭M7
E♭/G
Fm7
Cm
Fm7
G
C
D♭M7
A♭/C
D♭M7
A♭/C
A♭/C
D♭7
Cm7
G/B
G/B
Cm
D7
Gm
A♭
Am7(♭5)
B♭7
Bdim
Cm7

The Whole Nine Yards

Yashimata Ryo 작곡

FM7
Bb/D
C7/E
Bbm F F7/Eb
Bb/D
Bbm/Db
FM7/C
Bm7(b5)
Bb(add2)
C7
Bb/F Bbm/F F/A
Bb/D C/E
p
F
Bb/D C7/E Bb/F F F7/Eb Bb(add2)/D
Bb/Db F/C G7/B Bb C7
C7 Bb/D C/E F Bb/D C7/E
Bb/F F F7/Eb Bb/D Bbm/Db F/C
G/B Bb C7
dim.

Gabriel's Oboe

[미션] OST

E. Morricone 작곡

또 다시

[센과 치히로의 행방불명] OST

J. Hisaishi 작곡

Love Theme

[시네마 천국] OST

E. Morricone 작곡

Moon River

[티파니에서 아침을] OST
H. Mancini, J. Mercer 작사
H. Mancini, J. Mercer 작곡
♩ = 80
C
Am
F
C
F
C
Dm6
E7
Am
C7/G
F
B♭7(♭5)
Am
Am/G
B7/F♯
A7/E
Dm7
G
C
Am
F
C
F
C
Dm6
E7
Am
Am/G
Am/F♯
F7
C
F
C
F
C
Am
Dm6
G7
C
Dm7/F
C

Stepping On The Rainy Street

rit.
a tempo

Smile Smile Smile

여인의 향기

Over The Rainbow

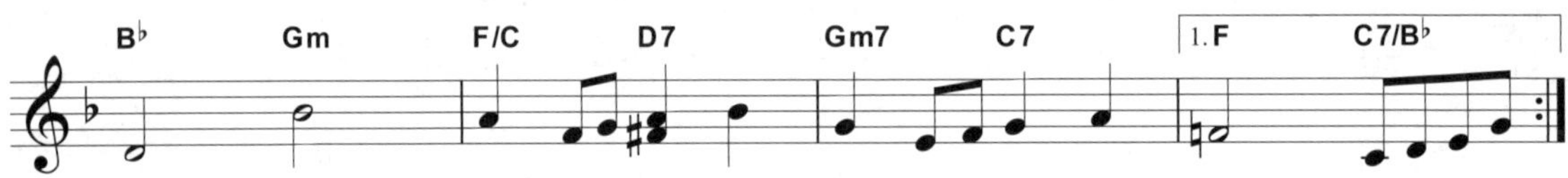

인생의 회전목마

[하울의 움직이는 성] OST

J. Hisaishi 작곡

이별의 여름

[코쿠리코 언덕에서] OST

Y. Marimura 작사
K. Sakata 작곡

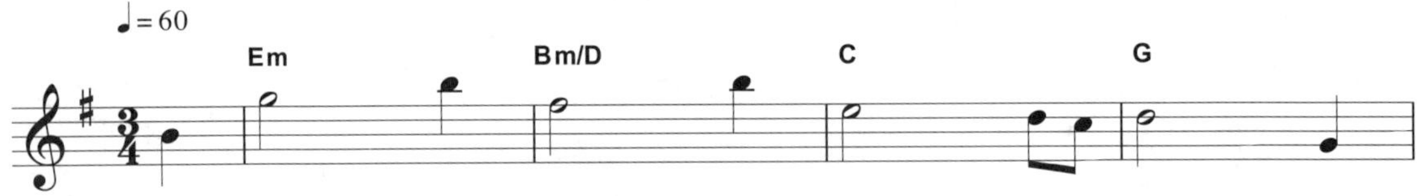

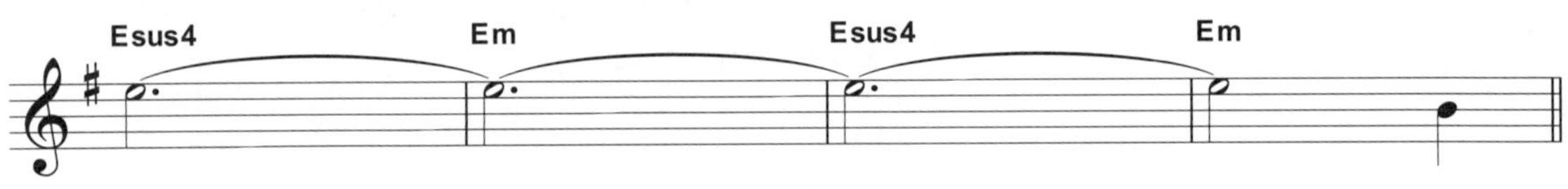

Am7 Em/G Bm/F# Em
G D/F# Em Bm/D
C G/B A D7
G D/F# Em Bm/D
C G F#m7 B7
Em Bm/D C G
Am7 Em/G Bm/F# Em

이웃집 토토로

J. Hisaishi 작곡

지금은 우리가 멀리 있을지라도

Flying Petals

[봄의 왈츠] OST

이지수 작곡

Paris, Paris

학교 가는 길

김광민 작곡

♩ = 120
G   D7/A   G/B   G7   C   G7/B   Am7   D7
Bm7   Em   Am7   D   Bm7   Em7   A7   D
G7   D7/A   G7/B   C
A7/C#   G/D   Em7   A7   D7
G   D7/A   G/A   C
A7/C#   G/D   Em7   A9   D7   G
Am7   D7   G

Die With A Smile

Lady Gaga, Bruno Mars, Dernst "D'Mile" Emile II, Andrew Watt, James Fauntleroy 작사
Lady Gaga, Bruno Mars, Dernst "D'Mile" Emile II, Andrew Watt, James Fauntleroy 작곡
Lady Gaga, Bruno Mars 노래

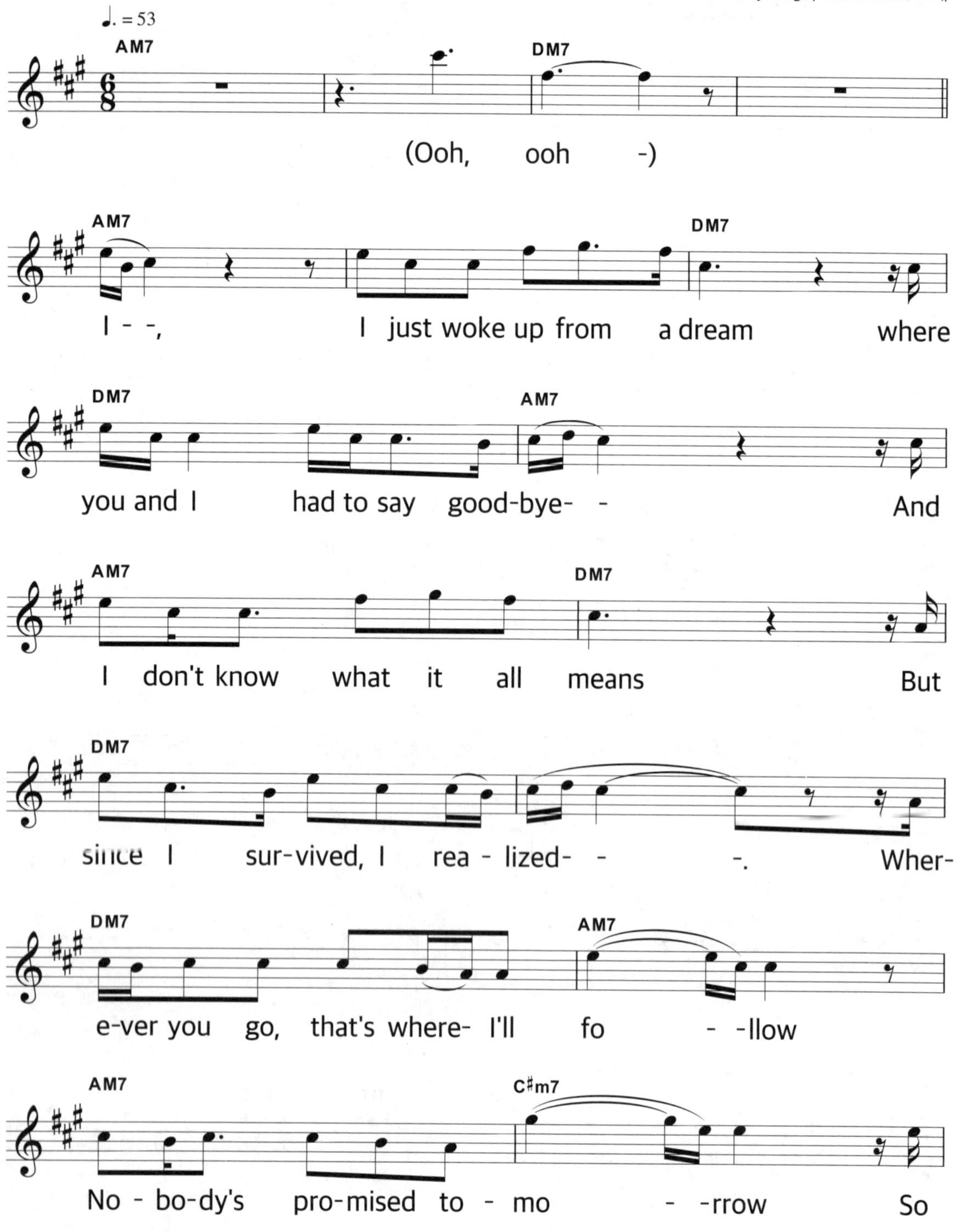

I'-ma love you e-very night like it's the last night- - Like it's the
last night- - If the world- was end - ing I'd wan-na be next to
you - - - - If the par - ty was o - ver And
our time on Earth was through - - - - I'd wan-na
hold - you just for a while And die - with the
smile - If the world- was end - ing I'd wan-na be next - to
you (Ooh, ooh -) Ooh- - - - - -,
lost- -, lost in the words that we scream

DM7
AM7
I don't e-ven wan-na do this a - ny more - - 'Cause
AM7
DM7
you al-ready know what you mean to me- - And our love's the
DM7
on-ly one worth figh - ting for - - Wher-
DM7
AM7
e-ver you - go, - that's where- I'll fo - -llow
AM7
C#m7
No - bo-dy's pro-mised to - mo - -rrow So
C#m7
F#sus4
I'-ma love you every night like it's the last night- - Like it's the
F#
Bm7
last night- - If the world - was end - ing
E7
D
C#m7
F#m
I'd wan-na be next to you - - - - If the

Bm7   E7   C#m7
par-ty was o-ver And our time on Earth was through - - -

F#m   Bm7   E7
- I'd wan-na hold - you just for a while And

A   E/G#   F#m C#m7 Bm7
die   - with the smile- If the world- was end - ing

E7   Bm7   E7sus4
I'd wan-na be next - to you - Right next to

C#m7   F#m7   Bm7
you- - - Next - to you- - -

E7sus4   C#m7   F#m7
Right next to you- - - Oh - oh -

Bm7   E7sus4   C#m7   F#m

Bm7   E7sus4   C#m7   F#m

If the

world - was end - ing I'd wan-na be next to
you - - - - If the par-ty was o - ver And
our time on Earth was through - - - - I'd wan-na
hold - you just for a while - - And die - with the
smile - - If the world - was end - ing I'd wan-na be next to
you - - - ooh - If the world - was end - ing
I'd wan-na be next - to you (Ooh,
ooh -) I'd wan-na be next - to you -

I'm Not The Only One

Sam Smith, James Napier 작사
Sam Smith, James Napier 작곡
Sam Smith 노래

F   A   Dm B♭M7   F   A
De-ny-ing e-very tear   I wish this would be
Now sa-dly I know why   Your heart is un - o-

Dm   B♭M7   F   C
o-ver now   But I know   that I still need you - here
tain-a - ble   E-ven though   you don't - share mine

F   A   Dm   B♭M7
-    You   say   I'm c-ray- z -   cause

F   A   Dm   B♭M7
you don't think I know what you've- done- -   But

F   A   Dm   B♭M7   F   C
when   -you-call - me - ba - by- I know I'm not the on-ly   one

1.F   2.F   B♭M7
-                    I have loved you for ma -

F   A7   Dm   F/C
ny years   May-be I am -Just not e - nough-

B♭M7   F
You've made me real - lise my deep - est fear   By

ly - ing   and tear-ing us up -   You
say   I'm c-ray- z -   cause
you don't think I know what you've- done- -   But
when   -you-call - me-ba - by- I know I'm not the on-ly one
You -   I know I'm not the on - ly
one-- ---   I know I'm not the on-ly one -   And I
know   and I know   and I know   and I know   and I
know and I know know-- -   I know I'm not the on-ly one -

Lemon Tree

Hinkel Volker, Freudenthaler Peter 작사
Hinkel Volker, Freudenthaler Peter 작곡

♩ = 70
Fm Cm Fm Cm B♭m Cm Fm Cm Fm
I'm

Fm
Cm7
sitt - ing here - in   a   bor-ing   room   It's
driving a - round - -   - in my   car   I'm

Fm
Cm7
just an - o- ther rain - y Sun-day after - noon -   I'm
driv-ing too fast - I'm driv-ing   too far   I'd

Fm
Cm
wast-ing my time - I   got noth-ing to do   I'm
like to -change- my   point - of view   I

Fm
Cm7
hang-ing a-round - I'm   - wait-ing for you - But   not-
feel - so lone - ly   I'm wait-ing for you

B♭m7
Cm
Fm Cm Fm7
-hing ever- happens   and I won -der-   I'm
I

A♭   E♭7
won - der how -   I won - der why -

Fm   Cm7
Yester- day you told me about the blue blue sky -   And all

D♭   E♭7   A♭   E♭7
- that I -can see-   is just a yellow le-mon tree-   I'm

A♭   E♭7
turning my head -   up and   down   I'm

Fm   Cm7
turning turning turning turning turning a - round -   And all

D♭   B♭/D   E♭7
- that I -can see-   is just a yellow- le-mon tree-   sing

Fm   Cm7   Fm   Cm7
da   da la la - la di la- da-   da la la - la la

B♭m7   Cm   Fm   Cm   Fm
di la da - da di la la I'm

Fm   Cm7   Fm   Cm7
sit-ting here- I miss the po-wer I'd like to go out- taking a shower But

Fm   Cm
there's a hea-vy cloud - in side my head I

Fm   Cm7
feel so tried put - my- self in-to be-d - Where no

B♭m7   Cm   Fm   Cm7   Fm
-thing ever- happens and I won -der-

C7   Fm
I - so-la tion is not -good for me -

E♭7   A♭   C7
I - so-la tion I don't want to sit on a le-mon tree I'm

Fm   Cm7
step-pin' a-round - in   a de-sert of joy

Fm   Cm7
Ba - by a - ny how I'll get an - o-ther   toy - And   e -

B♭m7   Cm   Fm   Cm7   Fm
very-thing will happen   and you'll won-der- -   I
D.S. al Coda

E♭7   A♭   E♭7
lemon tree-and I won-der won-der   I wonder how- I wonder why

Fm7   Cm7
Yes-ter-day you told me about the blue blue   sky -   And all

D♭   E♭7   D♭   E♭
- that I -can see-   And all - that I -can see-   And all

D♭   E♭   A♭
- that I -can see-   just a yellow le-mon tree-

Let It Be

John Lennon, Paul McCartney 작사
John Lennon, Paul McCartney 작곡
The Beatles 노래

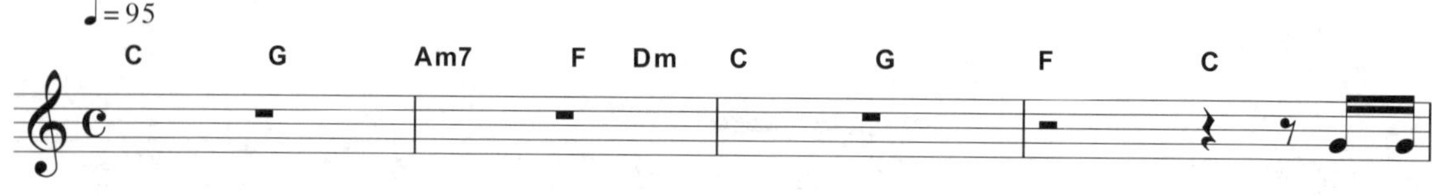

whis-per words- of wis-dom - let it be - - - and when
there will be - an ans-wer - let it be
let it be - let it be - - let it be
- - - let it be- whisper words- of wis-dom - let it be
- - -
let it be
- let it be - - let it be - - - let it be -
Whis-per words- of wis-dom - let it be And

when the night- is cloud-y there is still a light - that shines on me-
Shine un - til to-mor - row - let it be
wake up to the sound- of mu - sic Mother Mary -comes- to me-
Speaking words - of -wis - dom let it be - - Let it be
- let it be - - let it be - - - let it be - -
Oh there will - be an-swer - let it be let it be
whis-per words- of wis-dom - let it
be

Bridge Over Troubled Water

Paul Simon 작사
Paul Simon 작곡
Simon & Garfunkel 노래

trou-bled wa-ter I will lay me down -
when you're down and out - when you're on the
street when eve-ning falls so hard - I will
com-fo-rt you - I'll take your part - oh
- when-dark-ness comes and pain is all a-ro-
und like a bridge o-ver trou-bled wa-ter I will lay me down
- like a---bridge o-ver trou-bled wa-ter
I will lay me down - -

sail on sil-ver girl - sail on -by -
your time has come to shine - all your
dreams are on their- way see how they
shine oh - if you need a friend I'm sail - ing
right be - hind - like a bridge o-ver trou-bled wa-ter
I will ease your mind - like a bridge o - ver
trou - bled wa-ter I will ease your mind -
- oh oh - - -

Love Of My Life

Freddie Mercury 작사
Freddie Mercury 작곡
Queen 노래

me
You will re-mem - ber when this is blown o - ver and
eve-ry thing's all - by the way when I grow ol -der -
I will be there - at your side - to re-mind - you how
I still love - you I still love you

Back   hurry back   please
bring it back home - to me be - cause you don't
know   what it means to me   love of my life -
love of my life -

Time To Say Goodbye

che hai incon-tra to per stra - da - - -
Time to - say good - - bye - Pa -
e si - - che non ho mai ve - du-to e vis-su-to con
te a - de-sso si li vi vro con te - par - ti -
- ro - su na - vi per-ma-ri - che io lo
so No no non e-sis-to-no piu it's time to say goodbye
con te io li ri - vi -
- Quan do sei lon-ta-na so-gno al-l'o-riz-zonte e man-can le pa
ro re e io si lo so che sei con me con me

tu mia lu - na tu sei qui con me   mi - o so - le tu sei qui con
me con me con me con - me   vro Con te
- par - ti - - ro - su na - vi per ma - ri -
- che io lo so   No no non e- sis-to-no piu
Con te io li ri - vi -vro Con te   - par ti - -ro -
-
lo Con te -
-    -   -   -   -

My Way

J. Revaud Abel, Francois Glaude(fr 1), Thibaut Gilles, Anka Paul 작사
J. Revaud Abel, Francois Glaude(fr 1), Thibaut Gilles, Anka Paul 작곡

2, 3. Dm7/C   C   CM7
my   way   Yes there were times   I'm sure you
my   way For   What is   a   man   what has   he

Gm/C   Gdim/C   F   F6   FM7   F6
knew   when I   bit off   more than I could chew   But thru it
got   if not him self   more than he has   not   to   say the

Dm7   G7   G7/F   Em7
all   when there was doubt   I ate it   up   - and spit it
things   he   tru - ly feels   And not the words   - of one who

Am   Dm7   G7
out.   I faced it   all   - and I stood tall   and did it
kneels   The rec - ord shows   - I took the blows   and did it

Dm7/C   C   C   CM7
my   way   I've way
my

D.S. al Coda

Gm/C   Gdim/C   F   Fm   C   Em/B

Am7   G7   Dm7   C
Yes   it was my   way   -

Perhaps Love

John Denver 작사
John Denver 작곡
Placido Domingo, John Denver 노래

memory of love will see you thru   Oh, love to some is like a cloud
to some as strong as steel   for some a   way of living   for
some away   to feel   and some say love is hol-ding on and
some say let- ting go   and some say love is every- thing -
some say they don't know Perhaps love is like the o-cean full of
con-flict full of pain   like a   fire when it's cold out - side or
thun-der when it rains   If   I should live for-ev-er   and
all my dreams come true my memories of love will be of   you
D.S. al Coda
and you

Take Me Home, Country Roads

John Denver 작사
John Denver 작곡
John Denver 노래

gin- ia, - moun- tain mom ma, - Take- me
home, - Coun- try Roads. - Coun- try
D.S.S. al Coda
1. A   2. F#m   E7   A
All my   I hear a voice, in the morn- ing hours- she
calls - me, the ra - di - o re- minds- me of my home far a-
way, and driv - in' down- the road I get a feel - ing that I
should have been - home yes - ter - day, - yes- ter-
day. - Coun- try Roads, take- me
D.S. al Coda
home   Coun- try   roads

Yesterday

John Lennon, Paul Mccartney 작사
John Lennon, Paul Mccartney 작곡
The Beatles 노래

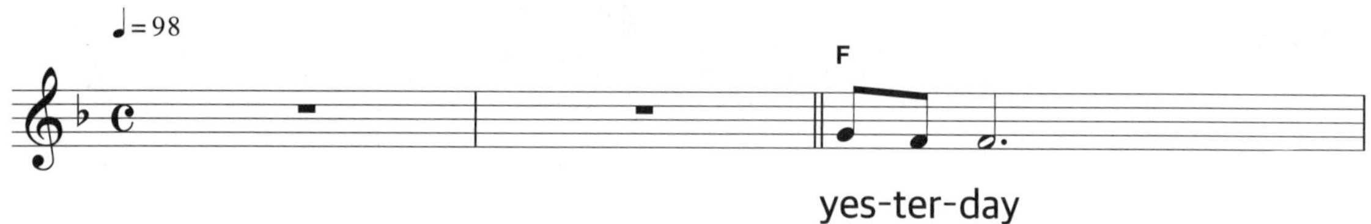

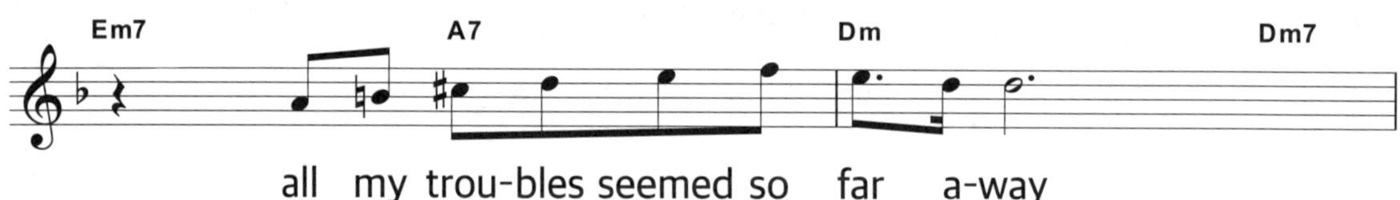

Dm7 G7 B♭ F
yes - ter-day - came sud - den - ly -
A7sus4 A7 Dm C B♭ Dm Gm C7
why she had to go I don't know she would - n't say
F Em7 A Dm C B♭ Dm
- I said some - thing wrong now I
Gm C7 F
long for yes - ter - day yes - ter - day
yse - ter - day - - -
Em7 A Dm Dm7
love was such an eas - y game to play
B♭ C7 F C Dm7 G7
now I need a place to hide a-way- Oh I believe - in
B♭ F F G7 B♭ F
yes - ter - day - Um um um um um um um -

K-POP·뉴에이지·팝송 ❶

발행일 2025년 10월 30일
발행인 남   용
편저자 일신음악연구회
발행처 일신서적출판사
주 소 서울시 마포구 독막로 31길 7
등 록 1969년 9월 12일 (No. 10-70)
전 화 (02) 703-3001~5 (영업부)
       (02) 703-3006~8 (편집부)
F A X (02) 703-3009
I S B N 978-89-366-2914-4 (93670)

이 책에 수록된 곡들은 저작권료를 지급한 후에 제작, 출판하였으나 일부의 곡은
저작자 또는 저작권 대리권자에 대한 부분을 여러 매체나 기관을 통해 알아보려고
노력하였으나, 해당곡에 대한 저작자 및 저작권 대리권자에 대한 부분을 찾지
못하였습니다.
하지만 부득이 해당곡들을 사용하고자 하오니 부디 선처하여 주시기를 바랍니다.
추후 저작권 및 저작권 대리권자께서 본사로 연락을 주시면 곡의 사용에 대한
저작권법 및 저작자 권리단체의 규정에 따라 조치를 취할 것을 약속 드립니다.
저작자의 권리는 존중되어야 합니다.
부득이 저작권자의 승인없이 저작물을 사용하게 되어 대단히 죄송합니다.